LE LOUP

SAUVAGE ET FASCINANT

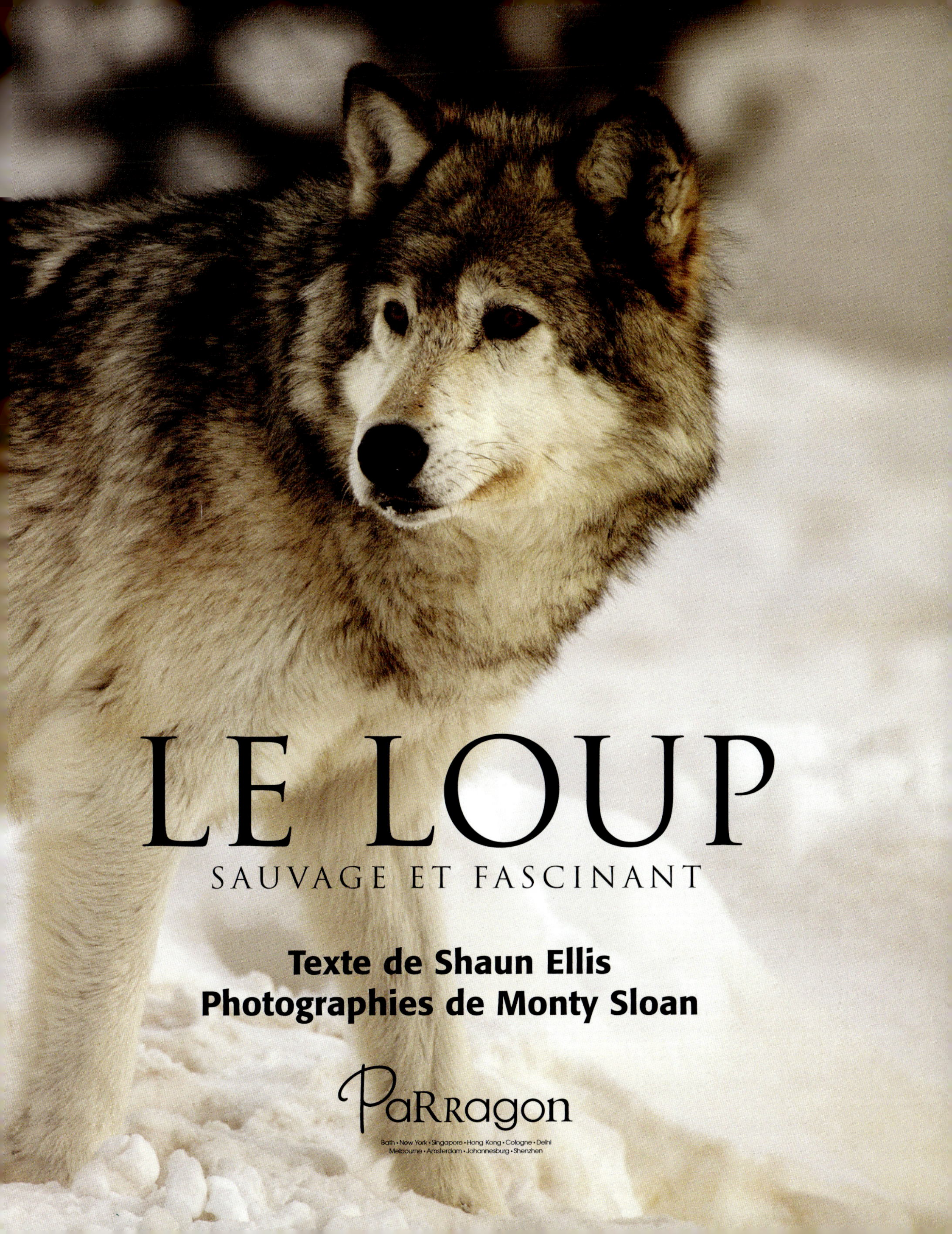

LE LOUP

SAUVAGE ET FASCINANT

Texte de Shaun Ellis
Photographies de Monty Sloan

Parragon

Bath • New York • Singapore • Hong Kong • Cologne • Delhi
Melbourne • Amsterdam • Johannesburg • Shenzhen

L'auteur

Fasciné par les loups depuis sa plus tendre enfance, Shaun Ellis rêvait de vivre parmi eux dans leur milieu naturel. Il ne faisait aucun doute que son rêve deviendrait réalité un jour ou l'autre. Élevé à la campagne, Shaun se prit d'abord de passion pour les renards et passa de longues heures à les observer. Sans doute cette expérience l'incita-t-elle à quitter l'Angleterre pour les États-Unis, afin de partager la vie des loups et de les étudier. Ayant appris à imiter leurs modes de communication, il fut bientôt admis au sein d'une meute. Cette situation d'observateur privilégié lui a permis de pénétrer l'intimité des loups et de découvrir les règles régissant leur société.

Le photographe

Monty Sloan a toujours été intrigué et passionné par les loups. D'abord étudiant en géologie à l'université de Berkeley, il était fasciné par la vie sauvage et, en particulier, par les loups et leur comportement social. La photographie étant sa seconde passion, l'évidence s'imposa bientôt : il fixerait sur la pellicule tous les aspects de la vie des loups. Mais, sauvages, les loups sont craintifs et il est difficile de capter leur intimité. Monty choisit donc de travailler avec des loups en captivité. Spécialiste du comportement du loup et photographe depuis près de vingt ans au Wolf Park, dans l'Indiana aux États-Unis, il n'a cessé de photographier les loups, au point de se trouver aujourd'hui à la tête de la plus importante banque mondiale d'images sur l'animal. Ses photographies ont été publiées dans de nombreux ouvrages et magazines en Europe comme en Amérique du Nord et en Amérique du Sud.

SOMMAIRE

Photo © Angela Curtis

EN COMPAGNIE DES LOUPS

Dans mon village, les enfants n'étaient guère nombreux, aussi je trouvais mes compagnons parmi la faune de la campagne environnante. Les bois étaient mon royaume et j'y appris à aiguiser mon odorat et mon ouïe. Je fréquentais alors les blaireaux et les renards, que ma présence n'effarouchait pas. Pendant de nombreuses années, j'eus ainsi l'immense privilège d'observer leurs clans et d'étudier leurs mœurs.

Mais comment un jeune homme issu du Norfolk profond échoua-t-il dans l'Idaho, au pied des montagnes Rocheuses, à observer les loups en compagnie d'Indiens de la tribu des Nez Percé ? Sans doute grâce à un travail acharné, à l'obstination et enfin à la chance que j'eus, lors d'un séminaire sur les loups, de rencontrer un biologiste amérindien que je persuadai de m'engager comme bénévole. Passant mes journées sur le terrain avec les autres étudiants et mes nuits à observer les loups en solitaire, je gagnai peu à peu le respect du peuple fascinant des Nez Percé.

C'est à cette époque, alors qu'un épais manteau de neige recouvrait la nature, que je compris qu'il me fallait revenir aux méthodes de mon enfance et vivre parmi les loups pour les comprendre réellement. Quelques années plus tard, je décidai de tenter l'immersion au sein d'une meute sauvage, non en tant que dominant mais en tant que dominé, sachant que les loups ne consentiraient à m'initier à leur société qu'à ce seul rang.

Je m'occupe aujourd'hui de loups en captivité au sein du Wolf Pack Management, à Combe Martin, dans le Devon, et, à travers l'observation poussée de leurs mœurs, mes confrères et moi-même découvrons chaque jour de nouvelles informations sur cet animal fascinant. J'espère mettre à profit mes connaissances pour aider à la préservation des loups afin que les générations futures puissent à leur tour les admirer et les étudier.

Shaun Ellis

Photo © Paul Herbert

PORTRAIT DE LOUP

J'étais étudiant en géologie lorsque mon intérêt pour le loup a supplanté celui que j'éprouvais pour les roches. L'animal est rapidement devenu ma principale source d'inspiration et le sujet omniprésent de mes prises de vue. Puis, de ma passion pour la photographie, j'ai fait mon métier. Voilà plus de vingt ans que je réalise des portraits de loups en couleurs et en noir et blanc, et je me trouve désormais à la tête d'une impressionnante banque d'images sur l'animal.

Pendant des décennies, des recherches ont été menées sur les loups vivant dans leur milieu naturel ou en captivité. Des programmes de réintroduction, tous couronnés de succès, ont été entrepris ici ou là. L'engouement du public pour les loups et les prédateurs en général va croissant. Malgré ces points positifs et la certitude que nous devrions redouter mille fois plus l'électrocution à cause d'un grille-pain défaillant que l'attaque d'une bête sauvage, notamment du loup, rien n'y fait, l'animal reste menacé d'extinction. Pire encore, il a déjà été rayé de la carte dans certaines régions du monde.

Dès 1988, je me suis engagé pour la sauvegarde et la promotion du loup à travers mon activité de conférencier, de chercheur et de photographe pour le Wolf Park, dans l'Indiana, aux États-Unis, qui abrite plusieurs meutes de loups gris. Une partie des recettes générées par la vente de mes photos revient au parc afin de soutenir ses initiatives pédagogiques. Côtoyer les loups en captivité m'a permis d'immortaliser des comportements intimes qu'il aurait été quasi impossible de photographier chez des individus à l'état sauvage. Je conçois et gère également différents sites Internet, pour la plupart consacrés à la protection du loup.

Des études de terrain, menées notamment au parc national de Yellowstone, ont mis en évidence l'importance du loup comme espèce clé de l'écosystème. Cependant, l'animal reste un prédateur diffamé, redouté et méconnu. Je veux néanmoins croire que nous finirons par accepter le loup pour ce qu'il est, au lieu de le craindre pour ce qu'il n'est pas.

Monty Sloan

INTRODUCTION

De tout temps, les loups ont fasciné les hommes autant qu'ils leur ont inspiré les plus grandes terreurs. Illustrées par les mythes et les légendes, les fables et le folklore, les relations entre les humains et les loups ont toujours été d'une extrême complexité. Dans les contes, comme le *Petit Chaperon rouge*, ou les histoires d'hommes devenus loups-garous lors des nuits de pleine lune, le loup nous apparaît sous le double visage du prédateur fourbe et du monstre diabolique. Mais quelle est la part de vérité, à supposer que ces mythes en recèlent une seule ?

Et qu'en est-il de la nature généreuse du loup ? Dans toutes les cultures, on raconte des histoires d'enfants sauvages élevés par des louves, et ces récits anciens, comme d'autres, plus récents – *Le Livre de la jungle* de Rudyard Kipling, par exemple – semblent suggérer une fibre parentale extrêmement développée, inhérente à l'espèce. Cette qualité est, aujourd'hui, largement admise par les zoologistes et les éthologues, spécialistes du comportement. On estime que seuls les humains et quelques rares autres primates portent à leur progéniture un intérêt et un soin comparables.

L'un des premiers et des plus célèbres récits mettant en scène une louve et des petits d'hommes est sans doute la légende des jumeaux romains, Romulus et Remus. Les enfants de Mars et de Rhea Silvia, la vierge vestale, furent abandonnés sur le Tibre en crue, dans un panier, par le roi Amulius – celui-ci ayant vu dans les jumeaux une menace pour son règne sur la ville d'Albe la Longue. Alors que les courants avaient ramené les nouveau-nés sur le rivage, une louve entendit leurs pleurs et vint les allaiter. Découverts puis élevés par le berger Faustulus, les deux enfants devinrent bientôt les fondateurs de Rome.

Ces récits récurrents d'orphelins ou d'enfants élevés par les loups traduisent une attitude bienveillante envers l'animal dans ses relations avec la société des hommes. Malheureusement, des mythes tout aussi nombreux éclairent le loup d'une aura plus négative, contribuant ainsi à entretenir un

climat de peur, particulièrement en Europe, où l'on traque le loup depuis des siècles, au point d'avoir presque éradiqué l'espèce du continent.

Au milieu du XVIIIe siècle, la bête du Gévaudan, un loup géant selon la rumeur, aurait en trois ans massacré une centaine de personnes en Auvergne. La férocité de la bête était telle que le roi Louis XV lança ses troupes à ses trousses. Certes, un grand loup fut tué mais, les attaques se poursuivant, on massacra encore deux loups, suspectés d'être la bête cruelle et insatiable.

L'association du loup avec le diable sévit toujours à travers les films d'horreur dans lesquels des créatures mi-loups mi-hommes errent les nuits de pleine lune, en quête de sang humain. La réputation de tueur féroce continue donc, de nos jours, à s'attacher au loup. Selon une étude récente, les enfants redouteraient plus le hurlement de l'animal que l'animal lui-même, devenu une figure familière à travers les documentaires animaliers diffusés sur nos écrans de télévision et dans les ouvrages naturalistes.

En réalité, les attaques avérées d'un loup sauvage sain contre l'homme sont pratiquement inexistantes. L'agressivité du loup est généralement liée à la maladie, la rage par exemple, et, lorsqu'il est en captivité, ses agressions sont souvent le fait d'une défaillance de l'instructeur.

Chez les Indiens d'Amérique, on parle d'un pacte sacré conclu entre les loups et les humains pour le respect mutuel des deux espèces et à l'égard de la nature. Si le loup a respecté le contrat, il semble malheureusement que nous, humains, l'ayons trahi, nous acharnant au contraire à éradiquer l'animal de son habitat originel.

Équilibre naturel
Les principaux prédateurs, tel le loup, contribuent à maintenir l'équilibre du milieu naturel. Dans les régions boisées, les cerfs massacrent les arbres en les dépouillant de leur écorce pour s'en nourrir. C'est ainsi qu'en traquant le cerf, le loup agit indirectement pour la conservation des arbres, principal habitat des oiseaux ainsi que d'autres espèces.

Ange gardien
Selon une légende des Indiens d'Amérique, la vision d'un loup blanc, en rêve ou dans la réalité, signifie que l'animal a été envoyé comme un ange gardien pour protéger celui qui l'a vu. Les Amérindiens admiraient notamment le sens aigu de la famille du loup.

Nourrir pour demain
Toute leur vie, les loups sauvages sont confrontés à la pénurie de proies. Pourtant, les adultes ne manquent jamais de nourrir leurs petits. Leur priorité consiste à préserver les générations futures afin d'assurer la survie et la supériorité de la meute.

Les zoologistes et les spécialistes du comportement animalier estiment que seuls les humains et quelques rares primates portent à leur progéniture un intérêt comparable à celui du loup.

Pouponnière

Les louveteaux sont éduqués par une nourrice, une louve sélectionnée par la femelle alpha avant la naissance de sa progéniture qui poursuivra l'apprentissage des petits une fois le sevrage accompli, c'est-à-dire vers quatre à six semaines. La femelle alpha peut dès lors se consacrer de nouveau à diriger sa meute.

Jeux dangereux

La chasse de proies lourdes constitue un risque majeur pour le loup. Coup de sabot d'un bison ou coup de bois d'un cerf peuvent se révéler fatals. Les loups utilisent les bois et les pattes d'animaux morts au cours de jeux éducatifs destinés à enseigner aux jeunes les techniques d'esquive.

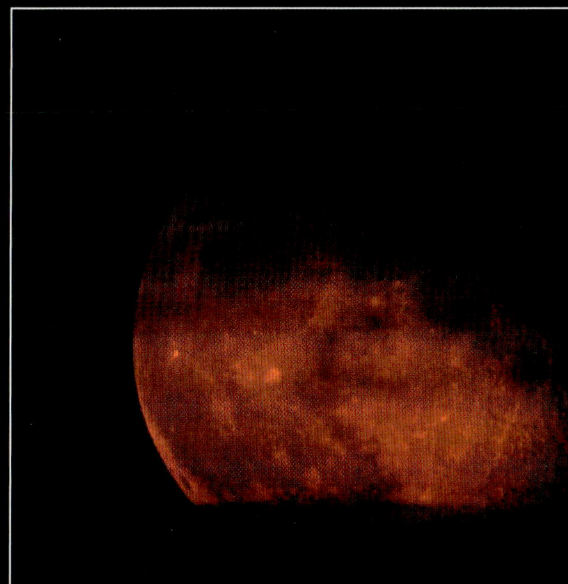

Le poids du mythe
Les images de loup hurlant à la pleine lune n'ont cessé de nourrir l'imagination des hommes et les histoires horrifiques pullulent de loups féroces, voraces et assoiffés de sang humain.

Selon une étude récente, les enfants redouteraient plus le hurlement du loup que l'animal lui-même.

LE LOUP DANS LA MYTHOLOGIE

Du nord des montagnes Rocheuses, en Amérique du Nord, jusqu'aux Carpates, en Europe centrale et orientale, le loup hante la culture et les superstitions, dont certaines ont conduit à la disparition pure et simple de l'animal en plusieurs régions du monde. À l'opposé, dans certaines traditions, chez les Indiens d'Amérique notamment, un véritable culte entoure le loup, élevé au rang de dieu.

CULTURE AMÉRINDIENNE

Dans la tribu des Shoshone, les coyotes et les loups étaient considérés comme les créateurs du monde. Après la mort, l'esprit d'un membre de la tribu était censé rejoindre la terre du coyote. Le loup guettait la venue des défunts, dont il purifiait l'âme dans les eaux de la rivière. L'esprit régénéré pouvait alors entrer dans la « Terre promise ».

Avec l'essor démographique, les loups commencèrent à se retirer dans les régions montagneuses les plus reculées, en quête de refuges. Cette retraite amena les Indiens d'Amérique à entourer l'animal d'une aura mystique encore plus importante. Vénéré, admiré, le loup s'imposa comme l'être supérieur et sage dont l'homme devait s'inspirer.

En raison de sa capacité à découvrir de nouvelles terres et à trouver son chemin dans l'immensité de son territoire, l'animal fut bientôt connu sous le nom de l'Éclaireur. Pour les Indiens des Grandes Plaines, chasser à la manière du loup était l'apanage des grands guerriers. Le nom des Pawnees, l'une des tribus les plus redoutées des Grandes Plaines, s'écrivait avec le même signe que celui employé pour le mot « loup ». Les Lakotas vénéraient la loyauté du loup à l'égard de sa compagne et de la meute et, avant de partir pour la chasse, s'enduisaient la bouche d'une teinture rouge sang, simulant la gueule d'un loup dévorant sa proie.

CULTURE EUROPÉENNE

Le loup règne depuis des siècles dans l'imaginaire de nombreuses cultures et occupe une place importante dans les

folklores et les mythologies du continent européen. Dans certaines de ses fables, Ésope (vers 600 av. J.-C.) évoque la nature rusée de l'animal, notamment dans *Le garçon qui criait au loup*, l'une de ses œuvres les plus célèbres. Un jeune berger avait pour méchante manie de crier au loup à tort et à travers. Aussi, le jour où un loup attaqua vraiment son troupeau, le garçon eut beau crier et crier encore, personne dans le village ne s'alarma, et le berger fut abandonné à son triste sort. Pour sa part, le conte pour enfants du *Petit Chaperon rouge*, apparu au XVIIe siècle, met l'accent sur le caractère de prédateur extrêmement sournois de l'animal.

Dans nombre de récits, les loups s'affublent de vêtements humains, et on connaît autant d'histoires racontant les tourments d'hommes se métamorphosant en loup. En différents endroits de la planète sévissent des créatures mi-hommes mi-bêtes, le plus souvent inspirées par l'animal le plus dangereux de la région. L'Inde a son « tigre-garou », l'Afrique le « léopard-garou » et, dans l'Europe médiévale, ce fut le fameux loup-garou, figure terrifiante et sanguinaire, pas tout à fait humaine ni tout à fait animale.

On disait des hommes qui se changeaient en loup à loisir qu'ils avaient conclu un pacte avec le diable. La majorité des métamorphoses en loup-garou survenait les nuits de pleine lune. La créature se déchaînait alors, tuant et, souvent, dévorant humains et autres mammifères, avant de retourner à son apparence humaine au lever du jour. Il arrivait que la capacité à se « loup-gariser » se transmette de père en fils. En Grèce, les malheureux épileptiques passaient pour des loups-garous.

Gardien de l'eau

Le penchant naturel du loup pour l'eau trouva écho dans certaines cultures amérindiennes. Le loup était ainsi censé guetter la venue du défunt et laver l'âme humaine dans l'eau de la rivière, puis l'esprit ainsi purifié pouvait accéder à la « Terre promise ».

Il existe plusieurs explications plausibles à l'origine du mythe du loup-garou. Il est tout à fait possible qu'une personne ayant vécu au cœur de l'une des vastes forêts européennes, il y a sept ou huit siècles, ait été prise pour un loup ou un loup-garou. Gencives protubérantes et sanguinolentes, éventuellement associées à l'hirsutisme, étaient des symptômes de malnutrition sans doute fréquents à cette époque, chez les plus démunis. Des individus bannis des communautés tentant de rapiner de quoi survivre pourraient s'être faufilés dans les villages, la nuit venue, en se déplaçant à la manière du loup en chasse. Pourtant, si ces ombres de la nuit étaient revêtues de peaux de loups, très prisées pour leurs qualités hautement isolantes, c'était uniquement pour se protéger du froid.

Une autre théorie prétend que les conditions insalubres de stockage des céréales auraient pu provoquer diverses réactions hallucinogènes. Ainsi, peut-être qu'une vulgaire tranche de pain, pétrie d'un seigle rance, générait la vision d'un loup-garou.

Aujourd'hui, la psychiatrie parle de lycanthropie, une forme de schizophrénie frappant des malades qui, en crise, se croient transformés en animal sauvage, le plus souvent en loup ou en loup-garou. Dans leur délire, les personnes atteintes hurlent et grondent en montrant les dents, allant jusqu'à se jeter sur le mobilier environnant pour tenter de le dévorer comme s'il s'agissait d'une proie. Hors d'Europe, on note la survenue de comportements bestiaux similaires, mais propres aux animaux spécifiques d'une région, comme le tigre pour l'Inde.

L'une des histoires de loup les plus célèbres reste sans doute celle de saint François et du loup de Gubbio, extraite des *Petites Fleurs de saint François*, texte médiéval (XIVe siècle) d'un auteur anonyme sur la vie de saint François d'Assise. L'histoire raconte comment saint François, séjournant dans la ville italienne de Gubbio en Ombrie, dompta un grand loup sanguinaire qui s'acharnait sur le bon peuple de la cité d'Italie de Gubbio, en Ombrie.

Ayant entendu parler de ce monstre dévoreur de bétail et de braves gens, et devant la terreur des habitants de Gubbio à l'idée de sortir de l'enceinte de la ville, saint François prit les pauvres ouailles en pitié. Il s'inquiétait tout autant du sort du loup et décida donc d'aller à la rencontre de l'animal. Les paysans firent tout pour alerter saint François et le mettre en garde contre le danger. Pourtant, celui-ci les réconforta, affirmant que Dieu veillerait sur lui. Un brave moine et une poignée de paysans l'accompagnèrent ainsi

Sentiers battus

En déplacement sur leur territoire, les loups fréquentent plus volontiers les sentiers battus. Un marquage d'odeurs journalier rend ces chemins plus sûrs et protège les loups des assauts de meutes rivales.

Dans le secret de la nuit
Les mœurs nocturnes du loup ajoutent à son mystère, entretenant toutes sortes de légendes et d'histoires d'épouvante. En réalité, le loup, intelligent mais craintif, s'applique à éviter tout contact avec les humains.

hors les murs de la cité. Cependant, après avoir parcouru quelques lieues, les paysans, terrorisés, refusèrent d'aller plus loin. Saint François et le moine poursuivirent donc leur chemin seuls. Soudain, le loup surgit de la forêt et se rua sur eux, gueule béante. Saint François fit alors sur lui le signe de la croix, ce qui eut pour effet immédiat d'immobiliser l'animal dans son élan meurtrier. Puis saint François s'adressa à l'animal en ces termes : « Viens à moi Frère Loup, je ne te veux aucun mal. » À l'instant, le loup baissa la tête et se coucha aux pieds du saint homme.

Saint François demanda à l'animal des explications sur son acharnement à martyriser la population de Gubbio et son cheptel. « Frère Loup, dit saint François, moi, je veux rétablir la paix entre toi et les hommes. Je sais que la faim te pousse à commettre l'irréparable, mais je te fais la promesse que, plus jamais, les paysans ne te feront de mal. En retour tu ne les offenseras plus. Ainsi toutes tes fautes passées te seront pardonnées. »

Sur ces paroles, par les mouvements de son corps et en inclinant la tête, le loup marqua son approbation. Alors, devant les paysans assemblés, saint François demanda à l'animal de faire la promesse de ne plus commettre de méfaits. L'un tendit la main, l'autre sa patte, et le pacte fut ainsi scellé. Puis saint François invita le loup à le suivre jusqu'à la ville, où chacun fut témoin du miracle. La population, stupéfaite, promit à son tour de ne plus traquer le loup mais, au contraire, de veiller à sa subsistance. Saint François demanda au loup si les termes de ce pacte lui convenait. Le loup approuva en s'agenouillant et en inclinant la tête, offrant une fois encore sa patte à la main du saint homme. Chacun se réjouit alors de voir l'animal se soumettre.

À partir de ce jour, les hommes et le loup vécurent en parfaite intelligence. Longtemps, on vit le loup aller de porte en porte, les habitants le nourrissant avec bienveillance. Lorsque le loup, âgé, rendit l'âme, toute la ville de Gubbio en fut attristée. Lorsqu'ils voyaient l'animal si paisible et si pacifique, les habitants se rappelaient la bonté et la sainteté de saint François qui les avait éduqués à la tolérance et au partage.

Respect

Les Indiens d'Amérique respectaient tous les animaux et croyaient chacun d'eux doté de qualités spécifiques dont ils devaient s'inspirer, le bison et le loup étant les maîtres à égaler.

Le loup règne depuis des siècles dans l'imaginaire collectif et occupe une place importante dans les folklores et les mythologies du continent européen.

Mythes et légendes

Le loup européen (ci-dessus), généralement d'une hauteur au garrot moins élevée que celle de ses congénères américains (ci-contre), est également doté d'un pelage plus court, plus foncé et plus touffu.

Le loup, partout, hante la culture

et les superstitions des hommes.

Les enfants rêvent du loup

Comme toutes les histoires racontées aux enfants à l'heure du coucher, *Le Petit Chaperon rouge*, conte européen du XVIIe siècle, contribue à renforcer l'image d'un loup prédateur et sournois.

LA MEUTE

Le Nouveau Monde vit apparaître ses premiers loups il y a quelque 5 millions d'années. La grande époque glaciaire du pléistocène fut l'ère du *Canis dirus* « chien terrible », l'espèce la plus imposante jamais connue. Des espèces plus petites venues d'Alaska parvinrent jusqu'en Sibérie, puis évoluèrent jusqu'au plus gros *Canis lupus*, notre loup gris. Celui-ci s'établit pour l'essentiel en Eurasie, certains individus préférant migrer vers l'Amérique du Nord pour bientôt occuper l'essentiel du Canada et des États-Unis d'aujourd'hui, excepté une petite région du sud-est des États-Unis, refuge d'un loup plus petit connu sous le nom de loup rouge, le *Canis rufus*.

Grâce aux nombreuses et minutieuses études menées par les biologistes sur des individus sauvages, on en sait aujourd'hui beaucoup plus sur le comportement du loup gris, notamment sur son langage complexe, qui mêle signaux sonores, odeurs et postures, chaque individu ayant son propre système de communication, en fonction de son rang.

Mâle et femelle alpha, couple dominant, conduisent la meute, très soudée, d'environ huit à douze bêtes. Contrairement à ce que l'on imaginait encore récemment, ce couple n'est pas toujours constitué des plus grands loups. Le couple alpha décide des mesures à prendre pour préserver la meute et défendre son territoire. Le plus souvent, il est aussi le seul dans la meute qui se reproduit.

COMMUNICATION VISUELLE

Partie essentielle du corps, le museau joue chez le loup un rôle majeur, tant sur le plan de la communication que pour la mise à mort des proies. Le couple alpha se distingue nettement au sein de la meute. Entre autres signes distinctifs, le museau des dominants présente une ligne proéminente et une coloration particulière, caractéristiques de la hiérarchie la plus haute et immédiatement identifiées par les membres des autres meutes. On dit que regarder un loup ou un chien droit dans les yeux revient à lancer un défi à

l'animal. On croit néanmoins aujourd'hui que la domination s'exprime plutôt à travers la dentition. Très vite, le louveteau apprend à détourner le museau à l'approche des individus adultes de la meute. L'adulte claque des dents dans le vide, tout près de la tête du jeune, afin de le forcer à détourner ou à baisser la tête. Plus tard, l'animal saura ainsi incliner la tête en signe de respect à l'égard d'un membre de la meute de rang supérieur.

La position de la tête d'un individu dépend de son rang au sein de l'organisation de la meute. Ainsi, un loup de moyen à haut rang manifestera son respect envers un membre plus haut placé en déplaçant son museau à l'horizontale, soit vers la droite, soit vers la gauche. Si un individu s'abstient de tout signe de respect envers le dominant, celui-ci est en droit d'agiter son propre museau soit à droite, soit à gauche du museau du contrevenant. Cette marque d'intimidation suffit en principe à s'attirer une démonstration de respect, mais si cela se révèle nécessaire, le loup dominant peut recourir à un long hurlement guttural, d'intensité croissante, appuyé éventuellement par des expressions faciales. Claquer des dents en l'air juste à côté du museau sera enfin l'ultime rappel à l'ordre avant le recours à la force physique.

La position des oreilles joue également un rôle vital dans la communication. Elles peuvent être aplaties (semblables à des ailes déployées) pour exprimer la défensive, ou étirées et dressées vers l'avant pour intimer le respect en attirant l'attention sur le museau.

En certaines circonstances, situations défensives notamment, la crinière de l'animal se hérisse, donnant l'illusion d'un animal plus gros qu'il ne l'est en réalité. Le mâle dominant présente une ligne de dos continue, sorte de crête qui part du cou jusqu'à la pointe de la queue ; plus cette ligne est sombre et marquée, plus l'animal se situe haut dans la hiérarchie. Les biologistes suggèrent une théorie selon laquelle les différents types de nourriture ingurgitée par les rangs d'une meute interviendraient sur la coloration du pelage, la qualité du marquage et les odeurs. Un alpha âgé sera déchu par un candidat de la meute plus jeune, en âge de régner, lorsque l'ancien dominant ne sera plus en mesure de s'approprier les meilleurs morceaux d'une proie. Des photographies ont montré des modifications dans le marquage et la couleur des individus déclassés, indiquant effectivement un lien entre nourriture, marquage et rang.

MARQUAGE PAR L'ODEUR

On reconnaît mâle et femelle alpha à leur odeur autant qu'à leur aspect. En tant que loups dominants, le couple consomme les morceaux les plus nobles de chaque proie, organes vitaux tels que cœur, foie, reins, mais aussi certainement le cerveau, les viandes les plus tendres, d'où leur odeur, plus forte que chez tout autre membre de la meute. Chaque individu de la meute est autorisé à consommer sa part du festin, des morceaux bien spécifiques de la carcasse, ce qui définit une odeur par rang.

L'odeur forte dégagée par le couple alpha a une importance vitale dans la défense du territoire. Retenue par cette barrière olfactive, une meute s'abstiendra en effet de traverser le territoire d'un clan rival. Les individus alpha procèdent à toute une gamme de marquages : urine, fèces, empreintes, frottements contre les arbres aux frontières des territoires, tous destinés à délimiter un territoire et, surtout, à le faire savoir aux meutes rivales ou à d'éventuels loups solitaires évoluant dans les zones alentour. Seuls les loups alpha urinent patte levée, une tactique permettant de projeter leur urine fortement odorante assez haut sur les arbres et les buissons.

Les changements de saison affectent la diversité et l'intensité du marquage par odeurs, influant en permanence sur le degré de menace potentielle présentée par les meutes voisines. C'est la responsabilité du mâle dominant, en tant que protecteur de la meute, de maintenir et de renforcer les marquages par des odeurs qui délimitent le territoire. Il est donc vital que l'alpha continue de consommer les meilleurs morceaux de chaque proie.

Meneur de la bande

On reconnaît le loup alpha à sa posture et aux tons foncés marquant son pelage. La fourrure du loup de gauche est très différente. Les loups alpha ne sont pas toujours les individus les plus lourds ni les plus hardis de la meute. Ils doivent en revanche avoir un regard perçant et un port majestueux.

Claquer des dents juste à côté du museau est l'ultime rappel à l'ordre avant le recours à la force physique.

COMMUNICATION SONORE

Le hurlement sert à communiquer avec les membres proches ou lointains de la tribu, mais aussi avec les loups rivaux. Dans ce cas, il a pour première fonction d'éviter le conflit. Chaque animal dispose d'une fréquence vocale spécifique et variable en fonction de son échelon social. Un couple alpha hurle plutôt dans les graves et peut également être identifié par la durée des silences entre chaque hurlement. Le dominant n'a pas systématiquement la priorité du hurlement, mais il prendra rapidement le contrôle de la situation sitôt le contact vocal établi, par exemple avec une meute, un loup solitaire ou encore un membre de la meute égaré au cours d'une partie de chasse. Si le loup alpha juge que la meute doit prolonger ses hurlements, il l'encourage par un cri répété, long et guttural. Si, au contraire, il veut imposer le silence à la meute, il pousse une succession de brefs aboiements.

LES LOUPS BÊTA

Juste derrière l'alpha viennent les individus bêta, généralement un couple si le nombre le permet, qui occupent une fonction disciplinaire au sein de la meute. Aisément identifiables, les bêtas, généralement les plus gros et les plus hardis de la famille, comptent sur leur force pour imposer les lois de la meute édictées par le couple alpha. Le bêta tient le rôle de vigile, s'appliquant à détourner nombre de dangers potentiels des précieux alphas. La ligne de dos d'un individu bêta, soutenue, ne présente cependant pas la même netteté ni continuité que celle d'un alpha.

La fréquence vocale d'un bêta, moins grave que celle d'un alpha, reste néanmoins plus gutturale que celle des autres membres de la famille. Renforçant et prolongeant les appels de la meute, le hurlement d'un loup bêta retentit trois à quatre fois plus longtemps que celui d'un alpha.

Marques de rang

Un loup alpha dégage une odeur très forte. Il se reconnaît aussi à la disposition et aux différentes couleurs de son pelage facial, notamment autour des yeux, des oreilles et sur le museau, qui le distinguent des autres loups.

Profil alpha

La crinière du loup alpha se prolonge en une crête qui court sur l'épine dorsale en une ligne noire continue, dessine sur l'arrière-train les contours d'une selle et se prolonge jusqu'à la base de la queue.

LES LOUPS GAMMA

D'une classe inférieure aux loups bêta, les individus gamma se trouvent généralement sous la coupe du couple de loups placés juste au-dessus d'eux dans la hiérarchie de la meute. La femelle éduque et discipline les louves dominées, les mâles font de même avec les loups dominés. Les gammas reçoivent les instructions émises par le couple alpha, via les bêtas. Dans le cas de meutes de plus de quinze individus, ce système de communication est essentiel pour les alphas, responsables du maintien de l'ordre dans le clan.

La fonction principale des gammas consiste à créer l'illusion du nombre. Par toutes sortes de stratagèmes, la meute doit paraître plus importante qu'elle ne l'est en réalité afin de mieux défendre le territoire. Le régime alimentaire des individus gamma n'étant jamais le même, leurs marquages par l'odeur varient, ce qui leurre les loups étrangers à la meute. Autre astuce, le hurlement : les gammas hurlent en une symphonie de sons, jappements, aboiements, gémissements, hurlements et grondements. Pour les meutes des territoires voisins, il est difficile dans ces conditions de connaître précisément le nombre d'individus formant la meute. D'un caractère méfiant, les loups gamma sont extrêmement sensibles à l'imminence du danger ou à l'approche d'un élément nouveau, donc perturbateur. Alphas et bêtas se fient à eux pour donner l'alerte.

La meute comprend des membres spécialistes, prédateurs, nourrices et, les plus malheureux d'entre tous, souffre-douleurs et boucs émissaires de la bande, les omégas. La chasse est le plus souvent à la charge des femelles, 20 % à 25 % plus petites que les mâles, donc plus rapides et aptes

Un mâle dominant est doté d'une ligne de dos, crête qui s'étend du cou sur l'épine dorsale jusqu'à la pointe de la queue, la continuité et l'épaisseur de la ligne déterminant le rang de l'animal.

Soumission passive

Le loup montre qu'il est soumis en se roulant sur le dos et en exposant l'intérieur de ses cuisses, plus clair que le reste du pelage. Il manifeste ainsi sa totale confiance envers le mâle dominant, qui pourrait déchirer cette partie la plus vulnérable de son corps d'un coup de crocs.

Respect

La ligne de crête d'un loup alpha est facilement identifiable et, associée à certaines postures, à l'odeur et à une certaine fréquence vocale, elle impose le respect aux autres membres de la meute comme aux loups rivaux.

Alpha et bêta
La couleur et le dessin du pelage du loup alpha (à gauche) se distinguent nettement de ceux du loup bêta (à droite).

Seconds pas si bêtes
Les loups bêta (page suivante), les éléments les plus massifs et les plus hardis de la meute, sont les exécutants du couple alpha. En cas de danger, ils jouent les éclaireurs.

à attraper les proies ou suffisamment lestes pour éventuellement barrer la route au gibier.

Mais les mâles participent néanmoins à l'effort, notamment lors des traques de proies lourdes, telles que le bison. Les femelles procèdent en séparant la proie de son troupeau et en l'épuisant, mais elles peuvent avoir besoin du concours d'un mâle plus massif pour achever la bête.

Les nourrices, mâles et femelles, après avoir été sélectionnées par la louve alpha, veillent et éduquent les louveteaux du couple dominant dès le sevrage, lorsque la mère retourne à ses devoirs de leader au sein de la meute.

Essentiels à la survie de la meute, les loups oméga font office de bouc émissaire. Ils désamorcent la tension, et c'est sur eux que converge toute l'agressivité sociale de la famille.

Dès l'âge de deux ou trois semaines, le louveteau oméga se trouve en permanence au centre des bagarres et chamailleries de la portée.

Les omégas apprennent très rapidement à attirer l'attention sur eux par le jeu ou en se comportant tels les clowns de la bande. Puis, par le recours à toute une gamme de comportements instinctifs ou acquis, postures corporelles, expressions faciales et sons divers, l'oméga se révèle indispensable pour apaiser le stress de ses congénères, éviter les risques de blessure et rétablir l'équilibre au sein de la meute.

Le loup oméga se voit souvent affublé du surnom de « loup Cendrillon », en raison de son destin de souffre-douleur et de subalterne. Il n'est pas rare, au cours du repas de la meute, de voir un oméga écarté sans cesse de la carcasse. Un tel comportement permet aux individus de haut rang de changer de position autour de la carcasse, sans devoir se battre. Les alphas s'approprient ainsi les meilleurs morceaux, en quantité suffisante. Des loups affamés risqueraient de s'entre-déchirer sans la diversion fournie par les omégas. Une fois les autres loups rassasiés, l'oméga hérite, en guise de récompense, des meilleurs restes, laissés exprès à son intention par le loup alpha. Il est donc probable qu'en dépit des apparences l'oméga occupe finalement un vrai statut, une position de choix dans la cohérence de la meute.

Le hurlement de l'oméga est le plus mélodieux du groupe, jouant autant du côté des graves que des aigus. On parle même de « chants » qui auraient un effet apaisant sur une meute en proie au stress.

La fonction principale des gammas consiste à créer l'illusion du nombre. Par toutes sortes de stratagèmes, la meute doit paraître plus fournie qu'elle ne l'est en réalité.

ouplesse

es loups subalternes présentent une robe suffisamment neutre our leur permettre si nécessaire de changer de rang au sein e la hiérarchie. À la mort d'un membre de la meute, ils peuvent re appelés à monter en grade ou à jouer un rôle spécifique.

Ordre hiérarchique

Cette série de clichés montre un oméga détournant la gueule à l'approche d'un dominant. En cas de manquement à cette règle, le dominant pincera le museau ou le cou du contrevenant entre ses dents pour lui imposer le respect.

L'odeur forte dégagée par le couple alpha a une importance vitale dans la défense du territoire de la meute.

Imprégnation

La position d'un individu au sein de la meute est très liée à son odeur. Le poisson vient donc naturellement s'inscrire dans la gamme des odeurs les plus convoitées par le loup, qui se roule sur l'animal pour s'imprégner de son parfum.

Liens familiaux

Se frotter à l'autre et le marquer de ses odeurs sert la cohésion de la meute. Ces séances renforcent les liens familiaux, au même titre que la toilette et le jeu.

Seule une barrière olfactive suffisamment forte et tenace tiendra éloignée la meute rivale du territoire.

Demande d'adhésion
Souvent le loup solitaire hurle afin de recueillir des informations auprès des meutes environnantes. Il peut ainsi apprendre le manque d'un individu dont il pourrait éventuellement briguer le poste.

Hurler plus haut
Les loups se postent sur des promontoires afin que leur hurlement porte le plus loin possible. Ils peuvent aussi se placer de manière que l'écho du hurlement soit répercuté dans toutes les directions.

Duo alpha

À l'approche de la saison des accouplements, les hurlements du couple alpha se multiplient. Le moment venu, le loup urine sur l'urine tachée de sang de la femelle, manifestant ainsi son droit à s'accoupler avec elle.

Illusion sonore

Les loups hurlent pour différentes raisons, notamment pour se protéger. Le groupe compte sur le riche registre vocal des gammas pour donner l'illusion d'une meute nombreuse.

Le hurlement sert à communiquer avec les membres, proches ou lointains, de la tribu, mais également avec les loups rivaux. Il a pour première fonction, dans ce cas, d'essayer d'éviter le conflit.

Leçon de hurlement

Très tôt, les adultes initient les louveteaux au hurlement, en les récompensant de leurs efforts par de la nourriture et des caresses. Chaque petit apprend le hurlement approprié à son rang.

Signal vocal
Un loup éloigné de sa meute cherche à se mettre en contact avec les siens par un hurlement de ralliement ou de localisation. Ce loup n'attend pas de réponse et envoie seulement un signal vocal de manière que la meute puisse le retrouver.

L'appel du chef
Le hurlement guttural de l'alpha renvoie à son statut de dominant. L'animal hurle sur de courtes périodes, puis se tait, à l'écoute d'une éventuelle réponse, avant de décider si la meute doit ou non poursuivre son chemin.

Œil de loup

La vision du loup est relativement médiocre par rapport à ses autres sens. Son regard perçant a souvent été comparé à celui de l'homme – sans doute l'une des raisons pour lesquelles l'animal est nommé « frère loup » chez les Indiens d'Amérique

Ouïe fine

Les loups peuvent entendre une meute rivale à plus de 10 km de distance en terrain découvert. Méfiants, les gammas de la bande entendront tout bruit suspect avant le reste de la meute. En cas de danger, l'alerte sera donnée par un aboiement

Les bouffons de la meute
Longtemps considérés comme la lie de la meute, les omégas jouiraient au contraire d'un certain respect de la part de leurs congénères. Pour le récompenser de désamorcer les tensions, lors de situations critiques – les repas, par exemple –, un oméga se verra ainsi autorisé à consommer les morceaux de choix d'une proie.

Recourant à nombre de comportements instinctifs ou acquis, postures corporelles, expressions faciales et sons divers, l'oméga est indispensable pour apaiser le stress de ses congénères, éviter les blessures ou rétablir l'équilibre au sein de la meute.

Essentiels à la survie de la meute,
les loups oméga désamorcent les tensions
et minimisent les risques de blessures.

Maintien de la paix
Par cette posture et certaines fréquences vocales spécifiques, le loup oméga (à droite) désamorce l'hostilité de son congénère. Ce rôle est vital pour la survie et la cohésion de la meute.

Retrouvailles et effusions

Après un temps de séparation, les liens familiaux sont réactivés par le léchage et le mouvement de la queue. Ce comportement a également été observé à l'occasion de retrouvailles avec un membre parti rejoindre une autre meute.

Moyens de communication

Dans l'intimité de la meute, les postures corporelles comptent beaucoup dans la communication. Expressions faciales, positions des oreilles et de la queue, crinière et vocalises diverses complètent le registre.

De nombreuses études menées par des biologistes sur des individus sauvages nous en ont beaucoup appris sur le comportement du loup gris, notamment sur son langage complexe, chaque individu ayant son propre système de communication, en fonction de son rang.

Impératifs de terrain

Le territoire d'un loup peut s'étendre de quelques kilomètres à plusieurs centaines. Ce facteur, associé à la disponibilité de nourriture, détermine la taille de la meute.

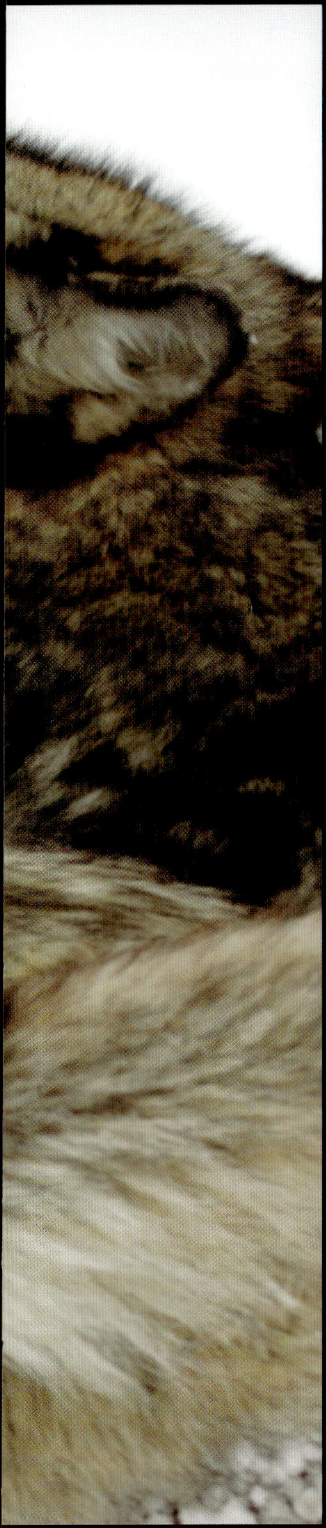

De l'alpha à l'oméga

Le nombre de loups composant une meute varie de trois individus à une vingtaine. En règle générale, elle se compose d'un couple alpha et de sa progéniture, des loups gamma et des membres subalternes, telles que les omégas.

Les sages

La plupart des meutes compte des individus âgés, équivalents de nos grands-parents, respectés pour leur savoir et leur expérience. Ces loups sont souvent sélectionnés comme nourrices et prennent ainsi part à l'éducation des louveteaux.

La position de la tête de chaque individu dépend de son statut social au sein de la meute.

Meutes variables

La taille de la meute varie en fonction de l'importance du territoire et du nombre de loups nécessaires pour y chasser et pour le défendre. De nos jours, l'habitat des meutes d'Europe (ci-dessus) est généralement plus petit que celui des loups nord-américains (page de droite) familiers des vastes plaines.

Contrat d'entretien

C'est le privilège de l'alpha de pouvoir procéder à la toilette des autres membres de la meute et d'être toiletté par eux. La toilette contribue à renforcer les liens familiaux et permet de débarrasser le pelage de la poussière et de divers parasites.

Robe double-épaisseur

Le loup développe l'hiver un manteau d'une épaisse fourrure (page de droite) qui le protège du froid. Une couche supérieure de longs poils imperméables permet à l'animal de rester au sec sous la pluie et la neige ; une sous-couche de poils, plus soyeuse, le tient au chaud. Au printemps, le loup subit une mue et perd son épais pelage d'hiver en prévision des mois d'été (ci-dessus).

Bouclier thermique

Enveloppés de leur épais pelage thermique, vital dans les conditions de froid extrême, les loups paraissent toujours plus gros en hiver.

Tenue de camouflage
La robe du loup n'est jamais de couleur uniforme. Le pelage s'adapte à l'environnement de sorte que le loup se fond aux couleurs de son territoire. Le camouflage se révèle indispensable pour se cacher des prédateurs comme des proies.

Apatride

Un loup solitaire traversant un territoire étranger urine dans l'eau pour ne pas être repéré. Ce loup sans terre évolue dans le cadre d'une zone neutre, sorte de *no wolf's land*, généralement sûre, entre les territoires de différentes meutes.

Odeur des pieds

Les loups délimitent leur territoire par le dépôt d'odeurs sécrétées par des glandes situées sous leurs orteils. Un loup bêta laissera, en plus, des traces de griffes en des endroits stratégiques

Besoin d'eau

Le territoire d'une meute abrite généralement un point d'eau, lac ou rivière. Les loups ont besoin de grandes quantités d'eau après les repas et en période de gestation.

Nageur né

Ses grands pieds et ses longues pattes font du loup un excellent nageur, apte à traverser facilement rivières et lacs. S'il pêche et consomme volontiers les poissons d'eaux peu profondes, il ne s'éloigne que rarement des rives pour traquer de plus grosses prises.

Pieds agiles

Au sein de la meute, la chasse revient aux animaux plus petits et donc plus rapides que les autres membres. Ce rôle est naturellement dévolu aux femelles. Celles-ci reçoivent néanmoins, en cas de besoin, le concours des mâles, plus forts, lorsqu'il s'agit d'achever des proies trop massives.

Accélérations record

Un loup peut atteindre la vitesse de 45 km/h avec des pointes à 65 km/h. Il peut maintenir cette allure pendant plus d'une heure si nécessaire, soit pour fuir un danger soit pour traquer une proie.

Coureur de fond

Pour trouver sa pitance, le loup peut parcourir près de 160 km en une seule journée, au trot, à une vitesse de 6 à 10 km/h.

Esprit vif

Le loup est doté d'une intelligence supérieure ; son cerveau présente un volume supérieur de 30 % à celui du chien domestique. Quelques heures d'observation suffisent à un loup en captivité pour savoir tirer le verrou d'une porte et aller récupérer un morceau de viande.

Être crépusculaire

Parce qu'il a appris à craindre l'homme, son principal prédateur, le loup n'est jamais plus actif qu'à l'aube et au crépuscule.

LA CHASSE

Si la recherche de nourriture les amenait souvent à se disputer les mêmes proies, les Indiens d'Amérique n'en respectaient pas moins le loup, selon eux le plus avisé et le plus adroit des chasseurs. Les premiers pionniers débarqués en Amérique du Nord éprouvèrent la même fascination. Le loup était capable de couvrir 160 km en une seule journée pour traquer sa proie, et on l'avait vu mettre à mort une bête dix fois plus lourde que lui. Les études comportementales permettent aujourd'hui de mieux comprendre le processus de la chasse chez ce prédateur exceptionnel, ainsi que le haut niveau de compétences collectives et de coopération déployées par une meute en chasse.

TRAVAIL D'ÉQUIPE

C'est essentiellement la préparation minutieuse de la meute qui garantit le succès de la chasse. On affûte au préalable ses dons, on révise stratégie et techniques, car chaque membre aura son rôle à jouer.

La chasse est généralement l'affaire des subalternes, omégas par exemple, et notamment des louves, plus rapides et plus agiles que les mâles. Une meute compte souvent un ou deux individus suffisamment rapides pour attraper, ou cerner et précipiter une proie dans une embuscade. La chasse ne sera pas toujours assumée par la femelle alpha de la meute, beaucoup trop précieuse pour risquer une blessure. Celle-ci pourra néanmoins veiller au bon déroulement des opérations en restant en retrait et éventuellement diriger les loups de basse classe qu'elle aura pris soin de soumettre au préalable à une séance d'entraînement.

La louve alpha commence par ajuster la position de sa queue puis sécrète une odeur qui indique à la meute le chemin à prendre. Elle se sert également de son corps pour orienter un individu d'un côté ou de l'autre. Elle fait ensuite savoir au groupe sur quelle proie la chasse doit se concentrer. La femelle alpha sélectionne le gibier le plus approprié aux besoins de la meute, en fonction des saisons. En hiver, elle

privilégie les proies lourdes et riches en graisse comme le bison, l'élan ou le sanglier ; en été, elle se focalise sur un gibier plus petit tel que le chamois ou le daim.

Elle indique à la meute la proie de son choix en déterrant un morceau de charogne, un sabot par exemple, morceau de viande enfoui pour une consommation ultérieure ou pour servir à l'entraînement de la bande. L'été, la louve enterre consciencieusement la nourriture à proximité des lacs ou des mares, ou sur les rives d'une rivière, à fleur d'eau, la boue humide faisant office de réfrigérateur.

Après avoir désigné quelle proie elle souhaite voir chassée, la louve entreprend de faire la démonstration des différents mouvements susceptibles d'être exercés par la proie au cours de la traque. Elle procède à cette leçon en tenant le bout de charogne dans sa gueule. Le loup alpha peut à l'occasion lui ravir le morceau de viande et faire comme s'il se l'appropriait et le défendait, rappelant ainsi qu'il aura la primeur sur la proie une fois la chasse terminée, les autres membres n'ayant le droit de s'en nourrir qu'après lui.

Il arrive qu'un loup chasse en solitaire. L'animal agit alors avec prudence, n'attaquant que de petites proies, tels rongeurs, oiseaux, lièvres et poissons.

À L'ODEUR

Les loups ont un odorat extrêmement développé. On le sait aujourd'hui, l'odorat d'un chien domestique est environ 10 000 fois plus sensible que le nôtre et, même si cela n'a pu être scientifiquement calculé, le flair d'un loup est largement plus puissant que celui du chien. Il semblerait que

Leçon de chasse

La femelle alpha (au centre) bouscule les autres loups pour les diriger soit à droite soit à gauche, sur la piste de la proie. Cet exercice préparatoire à la chasse est aussi pour elle l'occasion de réaffirmer sa position de dominante et de leader.

Jeux de rôle

La femelle alpha entraîne les jeunes loups à des jeux de rôle au cours desquels ils apprennent à attraper une proie et à lui faire mordre la poussière.

l'odorat du loup soit 100 000 fois supérieur au nôtre. L'animal peut, truffe au vent, détecter une proie potentielle à une distance de près de 3 km.

Au cours de la traque, les loups pistent la proie à ses différentes odeurs, empreintes, urine, excréments mais aussi poils, particules de peau ou parasites. Ils sont également capables de flairer la trace d'une dent gâtée laissée par un animal âgé sur de la végétation. L'aptitude du loup à mettre tous ses sens en alerte pour réunir des informations est telle qu'il saura bientôt tout de sa proie, état de santé, âge, localisation.

Le succès d'une chasse repose sur différentes techniques, selon la taille de la proie. Le loup traque le petit gibier dans les hautes herbes ou en se tenant en embuscade. Une meute en embuscade se sépare en deux groupes ou plus ; l'un chasse alors la proie en direction de l'autre, camouflé entre les arbres ou derrière les buissons. On a vu des loups prendre de la neige dans leur gueule de manière que la proie ne puisse sentir leur haleine. Une fois le gibier cerné, un loup le prend à la gorge et le met à mort en quelques secondes.

Une autre technique de chasse repose sur l'intimidation. Les loups isolent leur proie et la forcent à fuir pour l'épuiser, se protégeant ainsi d'un mauvais coup de sabot ou de corne qu'un animal immobile et sur la défensive pourrait leur infliger. Un loup peut atteindre une vitesse maximale de 45 à 65 km/h et la maintenir pendant une heure si nécessaire. Si la chasse vise un ongulé puissant et lourd, élan ou orignal, les loups peuvent aller jusqu'à traquer leur proie plus de deux semaines, la privant de nourriture, d'eau et de repos, et l'isolant systématiquement de son troupeau. Les loups harcèlent leur proie par des morsures régulières et il arrive que l'animal meure de fatigue ou d'hémorragie.

La femelle alpha initie souvent une séance d'entraînement juste avant la chasse.

LE GOÛT DE LA RÉUSSITE

Une fois la proie mise à mort, la meute la dévore selon une hiérarchie rigoureuse et parfaitement maîtrisée. Dans ce repas, le couple alpha n'a pas systématiquement la priorité mais décide, en revanche, quel membre du groupe pourra consommer et à quel moment. Il en va de la sécurité de la meute que les loups les plus forts, comme les bêtas, puissent avoir accès à des quantités de nourriture plus importantes que les loups de rangs inférieurs.

Chaque animal avale entre 2 et 9 kg de viande en un seul repas. Il est en effet possible que plusieurs jours, voire plusieurs semaines s'écoulent, avant que la meute ne puisse de nouveau s'alimenter. En cas de surplus de nourriture, les loups peuvent dissimuler les restes et uriner à l'endroit de leur cachette de manière à pouvoir retrouver ces provisions en cas de disette.

Après le repas, la meute s'octroie un moment de détente : on joue, on procède à des toilettes mutuelles, autant d'activité qui réaffirment les liens après la tension et le danger de la chasse. (Seulement une chasse sur dix verrait les loups parvenir à leurs fins.) Vient ensuite le sommeil, qui favorise la digestion. Mais l'animal ne dort que d'un œil et reste en alerte. On a déjà vu des loups régurgiter le contenu de leur estomac à l'approche d'un danger. Fuir à toutes pattes l'estomac plein peut en effet non seulement ralentir la course mais aussi provoquer une occlusion intestinale, potentiellement fatale.

Après la chasse et un premier festin, la meute s'adonne souvent à une séance de hurlements censée éloigner les autres prédateurs du butin chèrement gagné. Les charognards, corbeaux, aigles, renards ou coyotes finiront de nettoyer la carcasse.

La louve alpha ajuste la position de sa queue, puis sécrète une odeur qui indique à la meute le chemin à prendre.

Signes de ralliement

Ici, la femelle alpha relève la queue pour dégager une odeur qui a pour effet d'indiquer aux autres loups qu'ils doivent la suivre. Bientôt, devançant sa troupe, elle signalera un éventuel changement de direction.

Chasseur de cerf
La femelle alpha manifeste son intention de chasser le cerf en utilisant la patte préalablement enfouie d'une dépouille pour faire savoir à la meute ce qu'elle doit chasser et comment elle doit chasser. Si un loup vient à l'approcher de front, elle lui montrera le danger éventuel, représenté par la proie en question, en tournant la tête d'un côté et de l'autre, et en frappant son congénère avec la patte de la carcasse, simulant ainsi un coup de sabot.

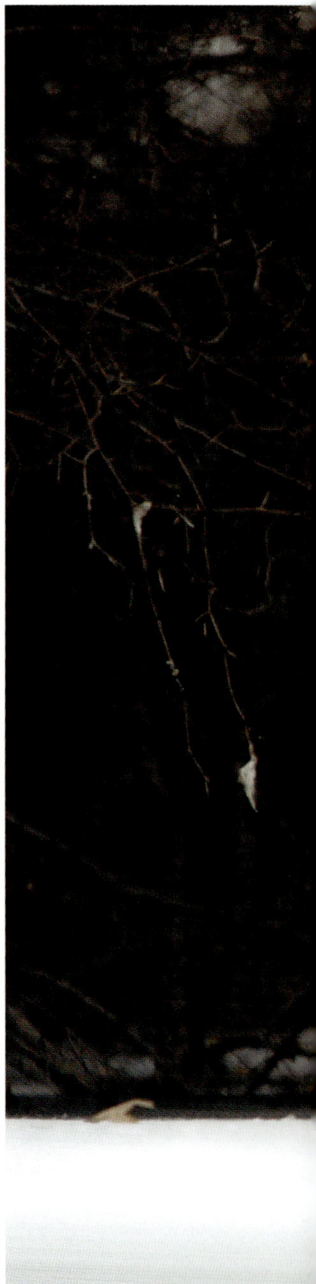

À la trace

Les loups dénichent leurs proies de trois façons, à l'odeur, grâce à un flair exceptionnel, à la trace et par hasard.

Flair gagnant

L'odorat du loup lui permet de flairer la faiblesse d'une proie âgée ou blessée aux traces laissées dans la neige.

Au cours de la traque, les loups pistent la proie à ses différentes odeurs, empreintes, urine et excréments, mais aussi poils, particules de peau ou parasites.

Guet-apens

Dressé sur ses pattes arrière, tous ses sens en éveil, le loup voit bientôt le reste de sa meute rabattre la proie directement sur lui, posté en embuscade. C'est l'une des nombreuses techniques de chasse pratiquées par les loups.

Une sur dix

La chasse d'une meute est couronnée de succès à peu près une fois sur dix. La concurrence sur le terrain est rude entre les différents prédateurs, ours, pumas et hommes.

La femelle alpha sélectionne la proie la plus appropriée aux besoins de la meute, en fonction des saisons. En hiver, elle privilégie les proies lourdes et riches en graisse comme le bison, l'élan ou le sanglier.

Élimination des plus faibles

Les loups testent les troupeaux d'ongulés afin d'isoler les individus les plus vulnérables, les plus âgés ou les plus faibles. Cette sélection contribue à préserver la santé des populations de bisons et de cerfs, la reproduction étant le privilège des individus les plus robustes.

Intimidation

Un loup s'efforce d'intimider un bison pour le contraindre à la fuite. Courser la proie présente en effet moins de risque que de lui faire face.

Contourner le danger

Plutôt que de risquer le pire en affrontant une proie qui charge, le loup préférera faire diversion et détourner l'attention de l'animal.

Poids lourd
Les coups de sabots d'un animal tel que le bison peuvent se révéler fatals. Soucieux de protéger son troupeau, un bison mâle ne se laisse pas intimider si facilement par les loups. L'animal a du cran et sait se montrer agressif.

Sprint et endurance
Le loup est un excellent sprinter, champion des virages serrés et des écarts soudains, propres à toute chasse. L'animal est aussi un concentré d'énergie et un incomparable marathonien.

Cerné
Après avoir traqué ce bison pendant des heures, les loups lui font mordre la poussière en se pendant à son mufle ou en s'accrochant à sa croupe. Puis ils encerclent l'animal pour la mise à mort.

Une fois le gibier cerné, un loup va le prendre à la gorge

et le mettre à mort en quelques secondes.

Viande, os et pelage

Les ongulés, animaux à sabots, et notamment les cerfs, constituent un fort pourcentage dans le tableau de chasse du loup, et donc dans son régime alimentaire. Le loup nettoie littéralement sa proie et consomme la viande aussi bien que les os, sources de calcium et de phosphore, mais aussi le pelage qui permet de mieux faire passer les os et d'éviter d'éventuelles perforations intestinales.

Gestion des sols

On attribue aux troupeaux de ruminants ou de chamois, par exemple, la destruction de larges zones de terres. Par la chasse, le loup provoque le déplacement de ces populations et prend ainsi une part active au maintien de pâturages de première qualité.

Raquettes
Sur de longues distances dans une neige profonde, les loups se relaient souvent de façon que le meneur de la meute ne s'épuise pas. Les orteils du loup sont collés et placés en éventail, ce qui lui permet de mieux s'accrocher aux surfaces glissantes, neige et glace.

Terrain glissant
L'hiver, les loups chassent volontiers sur les lacs gelés, ce qui facilite la mise à mort. Incapables de rester debout ou de galoper sur la glace, les ongulés glissent et chutent, une aubaine pour le loup qui n'a même plus à prendre le risque de sauter sur sa proie.

Détecteurs de proies

Les loups sont capables de détecter une proie sous plus de 90 cm de neige grâce à un odorat extrêmement développé ; son ouïe ultrasensible lui permet en outre de détecter les battements cardiaques du petit gibier.

Bâillons de neige

On a observé certains loups à l'affût, de la neige entre les mâchoires, stratagème destiné semble-t-il à ne pas se faire repérer : en abaissant la température de la gueule leur souffle ne sera pas détecté.

Le hurlement de la victoire

Après la chasse, les loups défendent leur pitance et leur territoire, qu'ils arpentent en émettant des hurlements gutturaux. L'avertissement est renforcé par un déploiement d'odeurs au cœur et sur les frontières du territoire.

Avis aux indésirables

Après une mise à mort, la défense du territoire prend autant d'importance que la défense de la nourriture. Des hurlements viendront régulièrement troubler la nuit, avertissement en bonne et due forme aux meutes rivales et autres ennemis.

Défense de la pitance

Oreilles abaissées en arrière, tête penchée et crocs à vif ; la mise en garde est on ne peut plus claire ! Les loups apprennent aux louveteaux à défendre leur nourriture en la leur volant. Lorsque le jeune approche et tente de reprendre son bien, l'adulte montre les dents et grogne. Bientôt, les jeunes reproduiront ces postures, mimiques et sons.

Avant les autres

Les loups alpha défendent leur nourriture en montrant les dents et en tirant la langue. Le couple dominant jouit du privilège des morceaux de choix, organes vitaux tels que cœur, foie et reins, qui leur conférera l'odeur la plus puissante.

Moments critiques

Le repas peut être un moment d'extrême tension, mais souvent montrer les dents et grogner ne sert qu'à défendre sa part de carcasse. En faisant le clown, le loup oméga joue un rôle vital et désamorce l'agressivité ambiante.

Le goût de la victoire

Ce vieux loup connaît bien l'importance de la chasse et les moyens d'accentuer son odeur par la nourriture, dont le poisson. Son savoir fait l'objet du plus grand respect et sert à l'instruction des jeunes membres de la meute.

Le loup est capable de couvrir 100 km en une seule journée pour traquer sa proie et on l'a vu mettre à mort une bête dix fois plus lourde que lui.

Vision de loup

Le plus souvent, on aperçoit les loups en hiver, saison où les proies sont le plus vulnérables et où la meute doit parcourir de plus longues distances. En règle générale, les loups flairent l'homme et se cachent avant que l'on puisse les apercevoir

En-cas

Les scientifiques ont longtemps cherché à savoir comment le loup survivait dans les régions où la population d'ongulés était en déclin. L'étude de l'estomac de cadavres de loups a révélé que l'animal se nourrit tout simplement de rongeurs

Il arrive qu'un loup chasse en solitaire, agissant alors avec prudence et n'attaquant que de petites proies telles que rongeurs, oiseaux, lièvres et poissons.

Fast food

Les loups européens chassent et tuent des proies dix fois plus lourdes qu'eux, mais se nourrissent régulièrement de petits gibiers, mulots et grenouilles. Le sanglier, encore très présent dans certaines régions d'Europe, est une autre proie de prédilection.

Chasseur solitaire

Le travail d'équipe, l'effort solidaire permettent à la meute de chasser des proies massives alors que le loup solitaire doit se rabattre sur le petit gibier, lièvre, rongeur ou oiseau, jusqu'à ce qu'il rallie une meute ou rencontre un autre loup solitaire de sexe opposé.

Il en va de la sécurité de la meute que les loups les plus forts, comme les bêtas, puissent consommer des quantités de nourriture plus importantes que les loups de rangs inférieurs.

Signes de queue

La position de la queue correspond au statut de l'animal au sein de la meute et sert également à donner le signal du repas. Chaque rang a accès à une part bien spécifique de la carcasse, morceaux qui lui confèreront l'odeur due à sa place dans la hiérarchie.

Retour de courses

Cette louve (page de gauche) s'empresse de rapporter la nourriture en sécurité, dans les frontières de son territoire, avant de la consommer.

Provisions

Le loup enterre la nourriture en vue d'une consommation ultérieure. Un stockage qui s'opère à proximité d'un lac ou sur les berges d'une rivière, la viande bénéficiant ainsi d'une relative réfrigération.

Gros mangeurs

Les loups bêta, généralement les plus forts de la meute, ont besoin d'entretenir leur forme. Parce que la sécurité du groupe dépend d'eux, ils sont autorisés à se nourrir plus que les autres.

Mâchoire d'acier

La pression de la mâchoire d'un loup est de 150 kg/cm^2, d'où leur capacité à broyer et à arracher les membres d'une proie. À titre de comparaison, il suffit d'une pression de 30 kg/cm^2 pour broyer un os humain.

Digestif

Le loup mange parfois de l'herbe ou d'autres végétaux. Cet apport de fibres favorise sa digestion. Parce qu'ils consomment l'estomac de leur proie, riche en herbe, les loups de rang inférieur ne connaissent aucune carence en fibres.

Cure-dents

Ayant observé des loups mâcher branches et brindilles, les naturalistes en ont conclu que les animaux affûtaient ainsi leurs crocs avant la chasse. On pense aujourd'hui qu'il s'agit simplement d'un « brossage » de dents en bonne et due forme après le repas.

Après le festin, la meute s'octroie un moment de détente ; on joue, on procède à des toilettes mutuelles, autant d'activités qui réaffirment les liens après la tension et le danger de la chasse.

Moments privilégiés

La chasse peut éprouver les relations au sein de la meute. Après l'effort et le repas, ces loups européens s'adonnent au jeu et à une séance de toilette, activités qui permettent de rétablir les liens entre individus.

Repu

Le loup consomme autant de viande qu'il le peut en une seule fois (entre 2 kg et 9 kg), le prochain repas pouvant en effet être dans deux jours ou même deux semaines. Après chaque festin, le repos favorisera la digestion.

Sommeil vigilant

On sait qu'un loup peut dormir jusqu'à 18 heures par jour, mais son sommeil est léger et vigilant. L'animal reste constamment en alerte et peut bondir à tout instant si un prédateur, une proie ou une meute rivale pénètrent dans son territoire.

Entre chien et loup

Le loup a modifié ses habitudes et il préfère aujourd'hui chasser au crépuscule ou à l'aube afin d'éviter tout contact avec

Vision nocturne

Relativement médiocre par rapport aux performances de ses autres sens, la vision nocturne du loup demeure néanmoins excellente et

Chacun son tour

Les charognards, comme les renards, vivent souvent dans le voisinage des loups.
Si rongeurs et petits mammifères forment l'essentiel de leur régime alimentaire,
ils ne refusent cependant pas de se nourrir des restes d'une proie tuée par le loup.

Rival canin

Il n'est pas rare que loups et coyotes vivent à proximité les uns des autres. Pourtant, le loup va chasser et tuer celui qu'il considère comme un concurrent dans sa traque de nourriture. Le mot « coyote » vient de l'aztèque *coyotl*, c'est-à-dire « chien aboyant », en référence aux jappements de ces petits canidés.

Riches restes

Les oiseaux de proie, des aigles notamment, arrachent quelques lambeaux de chair à la dépouille et finissent de nettoyer la carcasse abandonnée par le loup. On les voit décrire des cercles autour de la proie sur laquelle ils fondent dès le départ des loups.

Luttes sanglantes

Parce qu'ils partagent souvent le même habitat, ours et loup se disputent régulièrement les mêmes proies. Si le combat entre adultes est rare, le massacre de la progéniture de l'autre est, en revanche, phénomène courant, les jeunes représentant en effet une menace pour la nourriture. À l'image des hommes, les ours sont responsables d'un fort pourcentage de disparitions de louveteaux. Un ours adulte n'a en effet aucun mal à se débarrasser d'une nourrice et à dénicher une portée de nouveau-nés.

LA REPRODUCTION

En Amérique du Nord, la période de reproduction s'étend de février à mars. Cependant, on sait que les loups qui vivent dans les régions méridionales ont tendance à se reproduire un peu plus tôt que leurs congénères septentrionaux, du fait d'une nourriture disponible plus précocement. Le loup d'Éthiopie par exemple, vivant quelques degrés au nord de l'équateur, se reproduit entre août et décembre.

Si la louve atteint sa maturité sexuelle à l'âge de deux ans, elle n'est fécondable qu'une fois par an. Certains témoignages font état de femelles de certaines sous-espèces ayant mis bas dès leur premier printemps mais, en règle générale, elles sont trop jeunes pour prendre en charge les nouveau-nés, dont les chances de survie sont alors très faibles. On a également vu des femelles donner la vie après leur dixième année mais il s'agit de cas exceptionnels car, à l'état sauvage, les loups vivent rarement au-delà de six ou sept ans. Si la reproduction est l'apanage de la femelle alpha, il peut arriver que les femelles subalternes donnent elles aussi naissance à plusieurs portées de louveteaux, probablement en raison de la disparition de la louve alpha et d'autres membres hauts placés dans la meute. Les membres restants tentent alors de repeupler le territoire par des accouplements effrénés.

Les scientifiques tentent de découvrir si le type de nourriture consommée par la meute permet à la femelle alpha d'influer, sept ou huit mois avant la saison des accouplements, sur le nombre et le sexe de ses petits, ainsi que sur le rôle qui leur sera attribué au sein de la meute ou comme dominant d'une nouvelle meute sur un territoire voisin. En l'absence de meutes attenantes au territoire de la femelle alpha, les proies sont souvent perdues pour la communauté. Les meutes pourchassent les proies entre les différents territoires de sorte qu'un territoire adjacent inoccupé représente une perte potentielle de nourriture.

La parade amoureuse débute dès la fin de l'hiver et s'étend jusqu'au début du printemps, la femelle alpha ayant pris au préalable le soin d'intimider toutes ses rivales

potentielles en démontrant régulièrement sa position de dominante dans la meute. Ce rappel à l'ordre passe par un harcèlement constant, bagarres et autres tracasseries comme se mettre en travers du chemin de ses sœurs, afin de bien faire la démonstration de sa toute-puissance.

La femelle alpha procède également à une sélection de nourrices chargées de veiller et d'éduquer ses petits juste après leur sevrage, vers quatre à six semaines, quand elle retrouvera sa place de leader et de meneuse de la meute. Mâle ou femelle, la nounou sera choisie par la femelle alpha en fonction de son expérience et de sa capacité à enseigner aux plus jeunes les règles en vigueur au sein de la meute. La louve recourt à un processus de sélection complexe et initie par le jeu entre différents membres de la meute des situations qui lui permettent de déterminer l'individu qui est le plus équilibré, le plus patient et le plus apte à veiller sur ses petits.

À l'approche de la période de fécondabilité, la femelle intensifie son offensive contre les femelles de rang inférieur ; il n'est pas question qu'une autre louve se trouve fécondable au même moment. Grognements et grondements se succèdent, la femelle alpha multiplie les bousculades, allant jusqu'à provoquer des fausses couches.

Au cours de l'accouplement, les loups copulent de la même manière que les chiens, le mâle montant sur la femelle par l'arrière. L'acte lui-même peut durer de cinq à trente-cinq minutes, et le couple peut ainsi rester soudé jusqu'à ce que les muscles vaginaux de la femelle libèrent le pénis du mâle.

QUAND ARRIVENT LES LOUVETEAUX

La période de gestation dure de 60 à 63 jours, et la naissance des louveteaux, entre janvier et avril, coïncide généralement avec celle des jeunes proies, subvenant ainsi au besoin de nourriture.

Lors des quatre à cinq premières semaines de son existence, le bébé loup n'a de contact qu'avec sa mère. Dans la chaleur de la tanière, la louve alpha allaite sa progéniture, lui offrant nourriture, chaleur et sécurité nécessaires à sa survie.

Jour J

À l'approche de la période de fécondabilité, le mâle est sur le qui-vive. La saison des amours est précédée de nombreux rituels, on renifle, on lèche, on jappe...

À la base de toute l'éducation du louveteau, ces faveurs lui seront accordées comme récompense pour un bon comportement ou refusées en guise de leçon.

Dans la tanière, durant les premières semaines, la femelle alpha initie ses petits aux odeurs des autres membres de la meute. Chaque fois que la louve alpha sort de la tanière, elle frotte sa gueule et ses flancs aux autres adultes et nourrices pour s'imprégner de leur odeur, de façon à familiariser les louveteaux avec leurs congénères. La mère apprend également à ses petits, même très jeunes, le respect dû aux individus de chaque rang. Ainsi, si elle porte l'odeur du dominant sur son museau, elle prend délicatement dans sa gueule la tête ou le cou d'un petit et le retourne afin de lui apprendre la posture de soumission requise face à ce membre de la meute. Bientôt, les louveteaux de haut rang découvrent la qualité du lait des tétines centrales et commencent à montrer les premiers signes de domination sur leurs frères et sœurs en occupant systématiquement cette place privilégiée au moment de la tétée.

Lorsque la vue et l'ouïe des louveteaux commencent à se développer, entre quatre et cinq semaines, la femelle alpha extrait sa progéniture de la tanière. C'est la toute première rencontre des jeunes avec la meute, et les nourrices prennent le relais des soins et de leur éducation. Une fois les louveteaux sevrés, un adulte de rang équivalent régurgite de la nourriture solide devant un louveteau et l'aide à distinguer les morceaux dus à son rang. Lorsque les jeunes se nourrissent de solides morceaux de viande, les nourrices leur ravissent régulièrement ce qui leur est destiné afin de leur apprendre à défendre leur pitance.

L'éducation des jeunes loups comporte des cours de communication, de relations sociales et de chasse. Les louveteaux participent à leurs premières chasses vers six ou sept mois. Les leçons enseignées par les membres les plus âgés et les plus expérimentés de la meute sont vitales pour la survie des plus jeunes, pour l'avenir de la meute en particulier, et la survie de l'espèce en général.

Les six à neuf premiers mois de l'existence d'un jeune loup constituent une période cruciale. Beaucoup mourront, de faim, du harcèlement des hommes ou des assauts d'autres prédateurs tels que l'ours, le puma ou les grands oiseaux de proie. Mais c'est l'homme qui est responsable de la mort de l'immense majorité des louveteaux, soit directement, par les armes, l'empoisonnement ou les pièges, soit indirectement, par la déforestation ou la destruction de leur habitat.

Fièvre prénatale

La femelle alpha prépare la venue de ses petits sept à huit mois avant sa période de fécondabilité.

Contacts rapprochés

Le mâle alpha reste dans l'ombre de la femelle au moment des amours. L'odeur de la femelle alpha se modifie radicalement pendant la brève période de fécondabilité et le loup alpha doit être le premier à s'accoupler avec elle afin de garantir la transmission de ses gènes.

Maturité sexuelle

Les louves atteignent généralement leur maturité sexuelle lors de leur deuxième année ou de leur deuxième période de chaleurs. Le mâle est actif vers 22 mois. Les loups forment un couple uni et fidèle, lié parfois une vie entière si aucune blessure ne vient diminuer l'un ou l'autre.

À l'approche de la période de fécondabilité, la louve alpha intensifie son offensive contre les femelles de rang inférieur pour les empêcher d'être fécondables.

Les bons gènes

Parce qu'il est le seul à avoir le droit de s'accoupler, le couple alpha va faire en sorte de supprimer tout rival potentiel, préservant ainsi sa supériorité génétique au sein de la meute. La femelle alpha soumet les autres femelles pour dérégler leur fécondabilité.

Tests de sélection

Choisir le loup qui fera office de nourrice est un acte de la plus haute importance. Ici, un loup adulte subit un test ; s'il est sélectionné, il prendra en charge l'éducation des louveteaux dès qu'ils auront atteint l'âge de quatre à cinq semaines.

La parade amoureuse débute à la fin de l'hiver et s'étend jusqu'au début du printemps. La femelle alpha a préalablement intimidé ses rivales au sein de la meute, en manifestant régulièrement son statut de dominante.

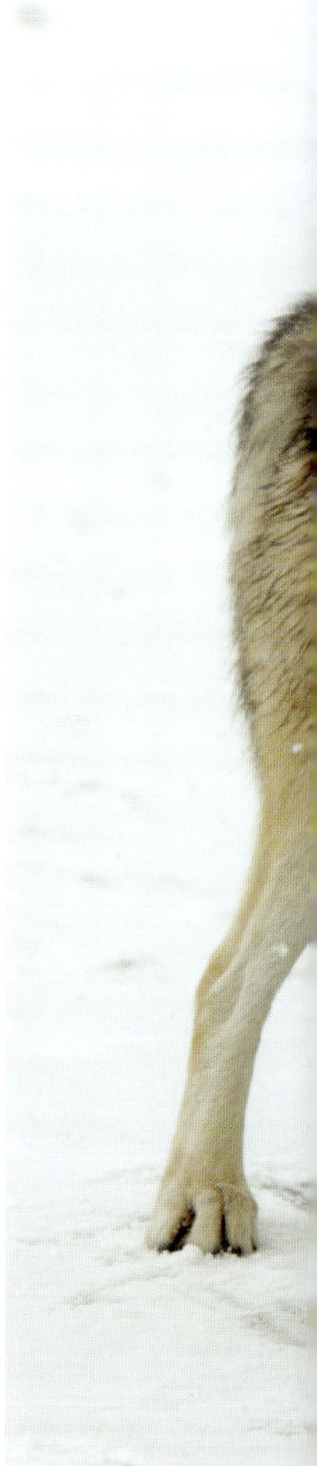

Saison des amours

Selon les espèces ou sous-espèces de loups, la saison des amours se déroule entre janvier et mars. Mâle et femelle doivent se courtiser un certain temps avant de s'accoupler. Ils semblent alors vulnérables, mais peuvent, en cas de danger, s'enfuir, unis.

Unis pour la vie

Le lien étroit qui lie le couple alpha préserve sa sécurité et sa santé. Cependant, si l'un des deux vient à mourir, l'alpha survivant se met en quête d'un ou d'une autre partenaire.

Fécondabilité fugitive

À la différence des chiennes, la louve n'est fécondable qu'une fois par an, pendant 7 à 21 jours. La période de réceptivité pendant la saison des amours est plus courte encore et ne dure que 4 à 7 jours.

Félicité domestique

Pendant la saison des amours, les loups alpha passent de longs moments ensemble, au repos. Ce couple de loups européens (ci-dessus) s'accorde une pause au milieu des bois. C'est probablement la nourrice de la génération future qui tient compagnie à ce couple alpha de loups nord-américains (ci-contre).

Maison près de l'eau

Les loups vivent toujours à proximité d'un point d'eau. La femelle alpha creuse sa tanière sur une berge ou près d'une source. En effet, ses besoins en eau s'accroissent au cours de la gestation et durant l'allaitement.

Économie d'énergie

Vers la fin de la période de gestation, la femelle alpha reste le plus souvent au repos, économisant ainsi son énergie en prévision des semaines à venir.

Ascension sociale

Durant la période de gestation des femelles alpha, la meute se comporte de façon exemplaire. Chaque loup brigue en effet le poste de nourrice auprès du couple alpha.

Infanticide

Les loups ont un sens aigu du territoire, qu'ils défendent férocement. En cas d'attaque d'une autre meute, les louveteaux, considérés comme de futurs concurrents dans ces luttes territoriales, sont habituellement tués. On a néanmoins vu des meutes élever de jeunes orphelins dans le but d'augmenter leur nombre.

Havre de paix

Le choix de la tanière est essentiel pour la survie des petits, à la merci des prédateurs qui ont tôt fait de les déterrer. C'est pourquoi l'antre est généralement situé sous une surface dure, un rocher par exemple, ou au pied d'un arbre.

Proies faciles

Les petits prédateurs ne représentent guère de danger pour les loups adultes. En revanche, si un coyote découvre une tanière non protégée, il n'hésite pas à massacrer la portée tout entière.

Formation des adultes
Le couple alpha rappelle régulièrement aux loups adultes le comportement prévenant qu'ils doivent observer vis-à-vis des louveteaux, vulnérables et facilement effrayés.

Dans la chaleur de la tanière, la louve alpha allaite ses petits, prodiguant nourriture, chaleur et sécurité, nécessaires à leur survie.

Dans le noir
Aveugles et sourds, les loups nouveau-nés trouvent les tétines de leur mère grâce à leur odorat. C'est vers 10 à 13 jours qu'un louveteau ouvre les yeux. Ceux-ci, d'abord bleus, deviennent ensuite marron clair.

Visite surprise
Poussée par la curiosité, la nourrice peut profiter de l'absence de la mère pour pénétrer dans la tanière et rendre visite aux petits dont elle aura la charge. Elle prend un énorme risque car la femelle alpha ne tolère aucune présence étrangère auprès de ses petits avant de l'avoir expressément décidé.

Nounou à plein temps
Une nourrice passe les premières semaines suivant la naissance à veiller sur la mère et ses petits cachés dans la tanière. Entièrement dévouée à la protection des louveteaux, elle ne quitte son poste que sur ordre de la femelle alpha.

Premiers regards
Vers l'âge de quatre semaines, les louveteaux s'aventurent hors de la tanière. Deux semaines plus tard, ils partent explorer les environs, jusqu'à plus d'un kilomètre autour de la tanière.

Test de saveur

Toujours affamé, le louveteau explore son environnement en goûtant à peu près tout ce qu'il rencontre, sous le regard des loups adultes qui interviennent en cas de nécessité.

Les choristes

Les louveteaux écoutent avec intérêt les hurlements de leurs aînés et tentent de se joindre au chœur vers l'âge de 3 à 4 semaines. Maîtriser l'art du hurlement est essentiel pour le jeune loup. En règle générale, c'est le louveteau dominant qui hurle le premier, rapidement imité par ses frères et sœurs.

Leçons de bienséance

La femelle alpha apprend à ses petits à reconnaître l'odeur des autres membres de la meute, avant même qu'ils ne sortent de la tanière. Elle leur montre également les attitudes à adopter devant les adultes, en fonction de leur rang.

Premiers jours

Pendant les 4 à 5 premières semaines de leur existence, les louveteaux n'ont de contacts qu'avec leur mère.

Le temps des bouillies

Les adultes nourrissent les louveteaux sevrés en régurgitant les aliments dans leur gueule. Ce n'est que plus tard, avec le développement de ses 42 dents, que le jeune loup peut manger des morceaux de viande entiers.

Lorsque les jeunes se nourrissent de morceaux de viande, les nourrices leur ravissent régulièrement leur pitance, afin de leur apprendre à la défendre.

Menu réglementaire
Ces louveteaux obéiront bientôt aux usages alimentaires qui régissent la nourriture de chaque membre de la meute en fonction de son rang. Ils ont également appris à défendre leur pitance par différentes postures corporelles et grognements.

Hurlement de prédateur
Les nuits de pleine lune retentit le hurlement des loups. L'alpha n'invoque pas Satan mais ameute ses troupes, car le clair de lune augmente les chances de la meute de mener une chasse fructueuse.

Techniques de défense
Les jeunes loups apprennent à défendre leur part de carcasse par différentes postures corporelles, jappements et autres grognements. Le hurlement correspond à une mise en garde destinée aux animaux éloignés.

Les six à neuf premiers mois de l'existence d'un jeune loup constituent une période cruciale. Beaucoup meurent, de faim, du harcèlement des hommes ou des assauts d'autres prédateurs tels que l'ours, le puma ou les grands oiseaux de proie.

Épreuve de force
Ces louveteaux se testent dans une lutte acharnée pour la possession d'un bout de bois. Le louveteau bêta a généralement l'avantage de la force, mais ses frères et sœurs plus petits, et souvent plus rapides, s'enfuient avec le morceau de bois si le bêta a le malheur de le lâcher.

Jeu de la chasse

Jouer à la chasse fait partie des loisirs préférés des louveteaux. Poursuivre et mordre l'arrière des pattes d'un congénère et courir devant un autre reproduit le schéma prédateur/proie auquel ils seront confrontés au cours de leur existence. Ici, la nourrice fait office de camarade de jeu.

Apprendre pour survivre

Par la bagarre, les jeunes loups s'initient à la survie de la meute. Ces jeux sont l'occasion d'apprendre différentes techniques de chasse, comme l'embuscade ; ces jeunes loups cachés derrière les arbres ont bondi au passage de leurs congénères.

Jeux éducatifs

Le jeu a des fonctions éducatives et sert également à renforcer les liens familiaux. Os et bâtons servent parfois à des chasses fictives, à des jeux de poursuite et à des courses de relais...

LA PRÉSERVATION

Le loup gris bénéficia autrefois de la répartition géographique la plus importante jamais enregistrée par un mammifère, homme exclu. L'animal régnait sur de vastes espaces, depuis les Territoires du Nord-Ouest canadiens jusqu'au Mexique et occupait par ailleurs une grande partie de l'Eurasie. Lorsque fut votée en 1973 la loi américaine sur la protection des espèces en voie de disparition *(Endangered Species Act)*, le loup avait déjà été rayé de la carte de 48 États américains, excepté quelques centaines d'individus dans le Minnesota et quelques autres réfugiés dans le parc national d'Isle Royale, dans le Michigan. De même, l'animal fut éradiqué en Europe centrale et du Nord aux XIXe et XXe siècles.

Les politiques eurent une part active dans le déclin de l'espèce, avec l'instauration de primes distribuées pour chaque bête abattue. Dès 600 av. J.-C., les gouvernements grecs promettaient 5 drachmes d'argent pour la tête d'un loup mâle. La prime au loup fut adoptée en Angleterre au XVe siècle, en Suède en 1647 et en Norvège en 1730. En Amérique du Nord, la première prime au loup fut payée en 1630, dans la colonie de la baie du Massachusetts.

Primes au loup et massacres réglementaires se généralisèrent en Europe, au Canada et aux États-Unis. Présenté comme un moyen de contrôler la population lupine, l'abattage produisit l'effet inverse, les survivants, affolés, se lançant dans une reproduction effrénée afin de repeupler leur territoire.

Le loup gris est aujourd'hui classé espèce vulnérable dans la Liste rouge de l'IUCN (International Union for Conservation of Nature), en danger aux États-Unis, excepté dans le Minnesota où il n'est que « menacé ». Malgré le harcèlement constant dont ils font l'objet dans certains pays, la Russie notamment, les loups sont placés aujourd'hui aux États-Unis sous la protection de l'*Endangered Species Act* et, en Europe, sous celle de la convention de Berne, deux textes qui prennent également en compte la préservation de l'habitat de l'espèce.

Il semble que le loup soit en passe de regagner aujourd'hui du terrain en Europe occidentale avec de petites

populations dispersées en France, en Allemagne, en Norvège, en Suède, en Finlande, en Grèce et en Italie. On estime par ailleurs que quelque 2 000 loups ibériques, une sous-espèce du loup gris, se trouveraient en Espagne et au Portugal. Excepté pour les loups du Portugal, la majorité de cette population ibérique vivrait près des zones densément peuplées du nord de l'Espagne, même si les récents feux de forêts ont ravagé une importante superficie de leur habitat naturel.

Les loups gris occupent encore aujourd'hui au Canada près de 90 % de leur habitat naturel, où ils seraient entre 52 000 et 60 000. Aux États-Unis, la population a connu une progression constante et l'on a recensé près de 2 700 bêtes à travers les différents États, et entre 6 000 et 8 000 rien qu'en Alaska. Les différents programmes de réintroduction ont permis de stimuler la démographie lupine américaine ; le loup rouge *(Canis rufus)*, espèce distincte éradiquée du sud-est des États-Unis vers 1980, a ainsi pu regagner une partie de son ancien territoire, et on compterait aujourd'hui plus de 100 individus. On a recensé 11 meutes de loups du Mexique (*Canis lupus baileyi*), au Nouveau-Mexique et en Arizona. Des lycaons *(Canis lycaon)*, une autre sous-espèce de loup gris, arpentent désormais le Michigan et le Wisconsin. De même, le nombre de loups gris ne cesse d'augmenter dans le nord des montagnes Rocheuses, répartis entre Montana, Idaho et Wyoming. Ces réintroductions ne se sont pas effectuées sans mal car, certains loups ayant attaqué du bétail, l'administration a dû prendre les mesures qui s'imposaient en les déplaçant.

Nous savons aujourd'hui qu'une femelle alpha multiplie délibérément les portées dans le seul but d'occuper les territoires vacants et de fonder de nouvelles meutes, cela afin de supprimer toute possibilité de fuite aux proies et d'augmenter ainsi les chances de survie de sa propre meute. Les recherches montrent que ce sont essentiellement les loups dispersés qui attaquent les troupeaux ; en quête de territoire vacant, il leur arrive en effet d'approcher fermes et élevages.

La dispersion des bêtes permet de prévenir les unions consanguines. Par le passé, lorsque les territoires des meutes

se succédaient sur plusieurs centaines de kilomètres carrés, les loups pouvaient fraterniser et les individus s'unir entre meutes attenantes, créant ainsi une infime mais bénéfique variation génétique. Aujourd'hui, le loup ne dispose guère que de 80 à 100 km^2 de territoire, et il devient de ce fait de plus en plus difficile d'assurer le brassage génétique des populations.

Loup pêcheur
L'expansion rapide des villes et des exploitations agricoles empiète sur le territoire du loup et cause la disparition de ses proies traditionnelles. L'animal n'a donc plus d'autre choix que de se rabattre sur une nourriture alternative, comme le poisson. Malheureusement, consommé en quantité excessive, ce régime a de dramatiques répercussions sur l'organisation sociale de la meute.

Les études comportementales décryptent chaque jour un peu plus les mœurs du loup et nous disposons aujourd'hui d'une vision plus claire et plus juste de son univers ainsi que de son intelligence. Ces connaissances devraient permettre de concevoir des outils appropriés pour gérer au mieux la coexistence du loup et des hommes. Il y a cependant beaucoup à dire sur les techniques ainsi mises en œuvre pour empêcher le loup de s'attaquer aux troupeaux. Il ne faut en effet au loup qu'une courte période d'observation pour apprendre à ouvrir lui-même un simple portail. Par ailleurs, la plus perfectionnée des clôtures électriques perdra toute efficacité en cas de forte chute de neige ; enfin, nombreux sont les chiens de garde qui se sont fait duper par l'intelligence d'un loup.

Le parc national de Yellowstone, qui accueillait en 1995 des loups du Canada, compte aujourd'hui pas moins de seize meutes.

On sait que certaines meutes envoient à ces chiens une louve qui feint d'être en chaleur et minaude pour attirer le naïf. Le reste de la meute, caché, bondit et massacre le malheureux avant de s'en prendre au bétail.

Un chien de garde aurait un effet plus dissuasif s'il présentait les caractéristiques physiques du loup. On pourrait également imaginer qu'il soit formé à se fondre parmi les moutons ou les vaches ; le loup pourrait alors le considérer comme l'équivalent du mâle alpha du troupeau.

L'écotourisme est un phénomène moderne qui consiste à collecter des fonds auprès de touristes venus observer ou photographier les loups sauvages dans leur milieu naturel. L'organisation et la gestion de vacances écosolidaires peuvent permettre aux populations locales de se constituer un revenu notable tout en protégeant leur environnement. Les bénéfices tirés de l'industrie touristique pourraient ainsi constituer une alternative et stopper la chasse du loup.

Il semble que la roue ait commencé à tourner en faveur du loup, notamment grâce aux efforts des nombreuses organisations qui, à travers le monde, luttent pour la sauvegarde de l'espèce. Dans les réserves et les parcs, des études portent sur les individus élevés en captivité ou les animaux blessés qui ont été recueillis. Le public fréquente de plus en plus, et avec assiduité, ces centres. Ce sont autant de fonds qui peuvent être utilisés pour la préservation et les programmes de réintroduction.

Le parc national de Yellowstone, qui accueillait en 1995 des loups du Canada, compte aujourd'hui pas moins de seize meutes, mais les scientifiques notent surtout un remarquable « effet loup » sur l'ensemble de l'écosystème. Par exemple, la population d'élans, autrefois hors de contrôle, a été divisée par deux grâce à l'intervention des loups ; les arbres, saules et trembles, entre autres, ont bénéficié de cette baisse et se régénèrent pour la première fois depuis des années. Les castors à leur tour sont revenus dans la région, attirés par l'abondance de nourriture ; les carcasses abandonnées par les loups ont attiré grizzlys et charognards,

tels corbeaux et oiseaux de proie. On ne peut qu'être fasciné par les effets du retour du loup, ce prédateur placé au sommet de la chaîne alimentaire, et par son action efficace sur l'écosystème.

Initié en 1996, le programme de sauvegarde de l'espèce de Yellowstone au Yukon, ne manque pas d'ambition. Il s'agit de mettre en relation les parcs avec les régions sauvages par l'établissement de « corridors de conservation » tout le long des montagnes Rocheuses, entre Canada et nord des États-Unis. Le but : ouvrir à la faune un plus vaste territoire, susciter des croisements entre espèces sauvages et individus élevés en captivité, et créer un immense écosystème destiné à la préservation de la biodiversité.

Proie domestique
En raison du rétrécissement constant de leur habitat et de la déforestation, les loups sont parfois contraints de s'en prendre aux troupeaux, parfois jusque dans les enclos des ranchs.

Espèce en danger
Le loup rouge *(Canis rufus)*, ci-dessus, l'espèce de canidé la plus menacée du monde, fut persécuté presque jusqu'à l'extinction. En 1980, alors que l'on s'apprêtait à déclarer l'animal exterminé, 14 loups furent rassemblés par une fondation de sauvegarde américaine pour être élevés en captivité. Fin 1987, on disposait de suffisamment d'individus pour envisager un programme de réintroduction. Il y a aujourd'hui 100 loups rouges à l'état sauvage.

On a recensé onze meutes de loups du Mexique (Canis lupus baileyi) *au Nouveau-Mexique et en Arizona.*

Loup urbain
Les loups préfèrent vivre à l'écart des hommes. Mais alors que la population humaine n'a cessé de croître, leur territoire et leurs proies n'ont cessé de décliner, poussant parfois en Europe les loups à s'aventurer dans les lieux habités pour chaparder de la nourriture. Les territoires des loups européens (page ci-contre) sont beaucoup plus petits que ceux des loups d'Amérique du Nord et, de ce fait, la taille de leur meute tend elle aussi à être plus modeste. Les loups européens ne sont parvenus à survivre que dans les régions forestières ou montagneuses les plus reculées.

Bastion mexicain
Le loup du Mexique *(Canis lupus baileyi)* fut découvert dans les régions montagneuses du centre du Mexique. Aujourd'hui, pour sauvegarder l'espèce, des individus élevés en captivité ont été relâchés et se sont dispersés dans l'ouest du Nouveau-Mexique.

Plus précieux vivant que mort ?

Bien que les loups soient légalement protégés dans la plupart des pays européens, certains chasseurs ne voient pas l'intérêt de renoncer à les traquer ; ils sont même prêts à payer des fortunes pour accrocher un loup à leur tableau de chasse. Néanmoins, avec l'avènement de l'écotourisme, de plus en plus de personnes peuvent désormais admirer les loups, générant des fonds pour les programmes de conservation et parvenant ainsi à convaincre les populations locales de l'intérêt à garder l'espèce en vie.

L'écotourisme consiste à collecter des fonds auprès de touristes venus observer ou photographier les loups sauvages dans leur milieu naturel.

À la limite de l'extinction

Le loup gris (ci-contre) fut rayé du paysage anglais vers 1496 et éradiqué d'Écosse en 1743, tandis qu'il parvint à survivre en Irlande jusqu'en 1773. L'espèce disparut également d'autres contrées d'Europe occidentale mais, aujourd'hui, l'animal a regagné du terrain et repeuplé la presque totalité de son territoire originel.

INDEX

Cette édition publiée en 2013 par
Elcy Éditions
48, rue Montmartre
75002 Paris

Réalisation : InTexte, Toulouse
Traduction de l'anglais : Francine Sirven

ISBN : 978-1-4454-3879-5

Imprimé en Chine
Printed in Chine

Parragon Books Ltd
Chartist House
15-17 Trim Street
Bath BA1 1HA, Royaume-Uni

Réalisation : Stonecastle Graphics Limited
Photographies : © Monty Sloan
Texte et légendes : Shaun Ellis

Titre original : *Spirit of the Wolf*